La Forteresse de Saint-Vidal

La Forteresse de Saint-Vidal

Textes Bertrand du Vignaud
Photographies Éric Sander

Préface Franck Ferrand

Éditions
de La Martinière

Préface
de Franck Ferrand

Les termes de *castellomane* et de *castellomanie* n'existent pas dans la langue française ; et pourtant, ils sont nombreux, ceux qui – comme je le fais depuis l'enfance – repèrent dans toute contrée, par monts et par vaux, les belles, les grandes demeures d'époques diverses. La plupart de ces amoureux des châteaux se contentent de les visiter, de les étudier dans le meilleur des cas. Certains, beaucoup plus rares hélas, se donnent les moyens de les acquérir et de les restaurer. C'est le cas de Vianney d'Alançon et de son épouse, Laure, entreprenants et dynamiques propriétaires de Saint-Vidal.

Cette forteresse de plaine, jadis fief des La Tour et des Rochefort d'Ally – ancêtres de l'actuel maître des lieux –, puis des Porral et des Sahy, a retrouvé depuis peu sa splendeur native. Vainement assiégée en 1591, et dès lors regardée comme imprenable, elle est un fier témoin de la fidélité du Velay à l'Église romaine, aux portes du Puy, cité ligueuse jusqu'au bout.

Grâce soit rendue à Bertrand du Vignaud, inlassable héraut, depuis tant d'années, de tant de trésors légués par les siècles, de nous en conter la belle histoire ! Son album est si chatoyant, si artistement paré des clichés d'Éric Sander, qu'il pourrait contribuer à créer des vocations. À forger de nouveaux *castellomanes*, en somme... C'est en tout cas le vœu que je forme : puisse l'ouvrage que vous venez d'ouvrir donner en exemple la belle aventure des repreneurs de Saint-Vidal et transmettre leur feu sacré aux indispensables ressusciteurs de demain !

« … La Terre du Velay est vraiment poétique et belle. Ces montagnes glacées ou pleines de feu selon que le ciel les transforme ; ces dômes de sable calcinés que les pluies ou le soleil nuancent de teintes noires, brunes, violettes ; ces roches cyclopéennes inclinées sur les abîmes et qu'on prendrait de loin pour des châteaux qui s'écroulent ; ces antiques forteresses foudroyées par les vengeances de tant de siècles, si fières, si menaçantes encore… Tout, oui tout, dans ce pays aimé, charme et inspire. »

C'est ainsi que, dans l'un de ses célèbres et incontournables ouvrages sur la province du Velay, l'historien Francisque Mandet évoque les contrées où se niche la forteresse de Saint-Vidal. Dans un autre ouvrage, le même auteur brosse, à grands traits, le portrait, haut en couleur, de son plus célèbre occupant, messire Antoine de La Tour, baron de Saint-Vidal : « Gentilhomme de vieille roche, puisqu'il avait eu des ancêtres qui marchèrent leurs enseignes déployées contre d'Armagnac, il tenait avec toute la rudesse égoïste, tout l'orgueil montagnard à ce qu'il appelait ses droits […] Nul, en effet, n'avait moins d'ambition et ne tenait moins à plaire que le farouche châtelain. Élevé dans la campagne, chassant les sangliers et les loups, il avait pour compagnie ordinaire quelques femmes de sa famille, timides et dociles, et un troupeau de rustres, ses serviteurs, habitués à trembler au premier signe… Il lui en coûtait de sortir de son doux nonchaloir. Cependant, le jour où les religionnaires vinrent s'emparer violemment des châteaux du Velay et en voulurent chasser les maîtres pour s'y établir en garnison, tout à coup, sans qu'encore son nom eût été prononcé, on le vit s'élancer hors de son manoir en s'écriant, la rage dans la voix et dans les yeux : "Malheur à qui m'envahit et me trouble !" »

Comment ouvrir un ouvrage sur la forteresse de Saint-Vidal de manière plus appropriée qu'en évoquant ce baron, son courage, sa personnalité et ses exploits qui, en son temps, furent célébrés au-delà de la province d'Auvergne et firent d'Antoine de La Tour, l'un des plus célèbres condottières du temps des guerres de Religion ?

Puis, les siècles ont passé, les propriétaires se sont succédé, le temps a fait son œuvre et le château en a subi les outrages et conservé les marques. Après une relative période d'oubli au XXe siècle, le château a eu la bonne fortune de trouver des propriétaires successifs qui se sont penchés avec passion sur ce témoin essentiel du patrimoine auvergnat, depuis la famille Sahy jusqu'à l'actuel propriétaire, lointain descendant d'Antoine de La Tour, Vianney d'Alançon.

L'enthousiasme, la passion, la ténacité et l'esprit d'entreprise de ce condottière du XXIe siècle ne sont plus à démontrer. Cet enfant de la région, qui y passa ses vacances durant son enfance et sa jeunesse, et où l'attachent de nombreux liens, fit très tôt preuve d'un dynamisme hors du commun. Préférant l'action aux études, il créa à 13 ans un élevage de moutons et, à 20 ans, une entreprise de joaillerie. Guidé par un attachement viscéral à l'histoire et à sa manifestation la plus tangible, le patrimoine, et admiratif des travaux de la main et des merveilles sortant de celles des artisans, Vianney d'Alançon n'hésita pas à acquérir le château de Saint-Vidal et à redonner une nouvelle vie à la forteresse de ses pères. Totalement au fait des dernières technologies d'animation et de spectacle immersif, tout comme son ancêtre Antoine II l'était des progrès de l'artillerie de son temps, le nouveau seigneur des lieux sut, en quelques années, convaincre les autorités, fédérer les enthousiasmes, diriger les artisans et susciter le bénévolat. Ainsi, il réussit, non à repousser les envahisseurs de la forteresse, mais à y attirer des milliers de visiteurs… La redécouverte de l'histoire de l'Auvergne et de la France à Saint-Vidal reste d'autant plus gravée dans la mémoire de ces derniers que cette leçon d'histoire allie la rigueur du propos et la précision des dates à l'humour, la surprise et l'émerveillement, voire la simplicité de l'enfance retrouvée.

Dans cet ouvrage, les superbes photographies d'Éric Sander permettent de s'immerger dans la forteresse de Saint-Vidal, d'en découvrir l'histoire et la beauté. L'originalité des angles de prises de vue, la subtilité des éclairages et la variété des tableaux qui en font autant de natures mortes raffinées, incitent le lecteur à venir sans délai à Saint-Vidal. Pour celui qui vient d'en effectuer la visite, ces photographies sont le meilleur témoignage de moments privilégiés qui aideront à en conserver longtemps le souvenir. Les images consacrées à l'animation et aux spectacles permettent également de saisir l'importance que Saint-Vidal a repris dans le cœur des habitants de la région et la place que le château occupe à nouveau, non seulement dans leur mémoire, mais, également, dans leur existence.

Bertrand du Vignaud

PAGES SUIVANTES
Evesché du Puy. Le Velay, l'un des vingt-deux diocèses du Languedoc, carte dressée par Guillaume Sanson, imprimée par Pierre Mariette, 1670.

EVESCHÉ DU PUY
LE VELAY
l'vn des Vingt Deux DIOCESES
DU LANGUEDOC
AUVERGNE
GEVAUDAN.
FEV. DE MEN
ARCHIPRESTRÉ DE ST.
ARCHIPRESTRÉ DE SOL
DIO
Enual
la Trinitat
Conangles
St. Victour
Beaumont
PON TEMPERAT
Iahac ou Ayac
Bistains
Barbezit
Monclar
Cusse
St. Pol de Murs
Bonne val
CRAPONNE
St. Prejet
Pailleres
St. Badel
Millenart
Senoire R.
Collat
Anse R.
Sensat
Iouzat
St. Leger
Ialianges
Chuisstaignes
Renouays
St. Georg Agroco
POULHAGUET
Malenc
Salles
St. Estienne Sur Autronce
St. Pierre l' Agrocol
Mazerat
la Chapelle Bertin
Felines
Auronce
ffengols
Flageat
St. George
Varennes
Laps
Montredon
Chamelys
la Breceulle
Aurat
Chastonnel
Mallet
le Dorat
Varennes
ALLEGRE
Bournoncle
la Roche
Auriat
Iax
St. Iust
Larons
Fix
les Forges
Mareirac
St. Eble
Vau
R.
LANGEAC
Auteirat
Chasteauneuf
Ceaux
Sorliat
Linoulh
Vazeilles
Digons
Ceaugues
Cosna
S. Genies
St. PAULHAN
Vissat
S. Vincens
Taillat
Combla doux
Vernassaux
Chantnegal
St. Arcon
LA VO
St. Romain
Cereix
Coussa
Ganillon
Chareix
les Chezes
Lissac
St. Berain
Peudaires
Pebrac
la Salle
Nay
Pont Gibel
Prades
Blanzac
Cheirac
Duriene
Vernegoux
Allier R.
la Loyre R.
Venteuge
Bachelaire
Lantena
Borne
le Vernei
Bastide Femary
Cubilles
la Roche
Pollignac
S. Vidal Bar.
le Charoul
le Tiolant
Loude Bar.
Mercure
Beauregard
Salgues
St. Remy
S. Marcel
Montaury
Vergezac
Chaspusac
Saussac Bar
Espaly
le Cluzel
Chantillac
les Ternes
MONISTROL d'Allier
LE PUY
Beins
St. Didier pres Allier
St. Privat
Cordes
Creissac
Montbonet Bar
le Val
St. Christofle
la Tour
Issenac
St. Iean la Champ
Coube
Terrieres
Poncettels
Allegrac
Senezoux
SOLLIGNAC
Bizac
Pont de Vabres
Cayres
le Bouchet St. Nicolas
le Brignon
Colan
Chacorna
Gigondas
St. Ahond Bar.
l'Her de Cayres
Costeros

baron
Val Priuas
Chambon
S.Romain
St.Iust lez Velay
Aubie ou Semene R.
le Pas du R
Forestier
Bas
Basset
Vendres
la Rivoire
St.Genis de Fougerolles
Ionzieux
Salles
Cofolens
Gourdon
Monistrol
S.Didier en Velay ou en Ioyeuse Bar.
St.Genis de Mallifaut
l'Assiette de la Roue
Tournac
les Esteufs
Arsisse
la Faye
St.Julien d'Ance
le Villar de Monistrol
Marlhe
Pralagier
Bouzacq
S.Sauveur en Rue
Malhivernas
la Seuvebenoiste Æ.F.O.C.
Mont
la Madelaine
Cubleze
le Trecol
l'Hospital du Temple
en Reynier
St.Romain
S.Meyras
la Fraisse
Ste.Segoulene
S.Pal
Hauteville
Dunieres R.
Rioutort
Retournat
S.Maurice de Lignon
Dunieres Bar.
Vercilhac
Flaminges
Clavas Æ.F.O.C.
Chamalieres
Vertanuce
Sapte
Roncoules
St.Victour de Mars court
Villeneuve
la Tour de Malbourg Bar.
Molineuf
St.Julien de Molibasade
St.Bonnet le Froid
Issinhaux
Palhec
Clavenas
Grazac
Mont Falcon
Mont regard
le Cros
Bessamoret
Severac
la Brosse Bar.
St.André
Regos
Verchere
Lignon R.
Tense
Vaselles lez Montfaucon
Chazau
Belle combe Æ.F.O.C.
St.Vozy de Bonnas
Coste de la Fare
Rieux
Pertuis
Areulles
Deverset
St.Hustie
Quiriere Bar.
Chambon
St.Jean d'Andaures
St.Estienne de Lardeyrol
S.Yre de Bonnas
Raffy
ntferrat
Bonneville
la Bastide
Blavosy
Lardeyrol Bar.
Pralevialle
St.Agreve
Eynac
St.Romans le Desert
St.Julien en Goye
Champelause
Lavastre
le Po
St.Pierre d'Eynac
Fontmourette
Montvert
St.Julien de Chapteys
St.Jean de Pont doré
Nestolet
la Comte de Chapteys
Citran
Cabrillac
le Fay
Chaignac
Chaudeyrottes
St.Martin de Valencais
le Villar Bar.
Montuselat
Eryeu R.
Mozeul
les Nonn
Mazaugon
S.Front
Azans
Chanteloube
la Coulange
la Fraisse
M. de Mozenc
Dorie R.
la Motte
Laussone
Pratz
Marriac
Le Chelars
Athembre M.
Fraissinet la Tour
Gerbier de Iou M.
Sources de la Loyre
Archat
Chaize Forest
Chanos
Le Monestier St.Chaffre Æ.H.O.B.
Sardiges
M. de Clergeac
la Roche bacha
Borce
Bonnefoy
Diocese du Puy
Archiprestre de Monistrol
Archiprestre en Velay
Vivers
Nac.

D'or à la tour
de gueules,
crénelée,
maçonnée
et ajourée
de sable.

ARMOIRIES DE LA FAMILLE DE LA TOUR DE SAINT-VIDAL

Il était une fois...

Une histoire millénaire

Comme de nombreuses forteresses, celle de Saint-Vidal, en Velay, dont on s'accorde à dater la construction au XIIIe siècle, est bâtie sur un site plus ancien. Les historiens évoquent une motte féodale datant du IXe siècle située à son emplacement. Il convient de s'arrêter un instant sur cette situation originale : contrairement à de nombreuses forteresses européennes, notamment, sa célèbre voisine Polignac dont le donjon domine fièrement tout le pays alentour du haut de son terre-plein de basalte, la forteresse de Saint-Vidal n'est pas située sur un sommet. Plus simplement, plus familièrement, plus calmement, pourrait-on dire, elle est posée sur les pentes d'une vallée où coule paisiblement une petite rivière, la Borne. Cette position s'explique sans doute par l'attachement de celui, Antoine II de La Tour, qui devait transformer en forteresse sa demeure ancestrale, et elle n'empêcha pas Saint-Vidal de jouer un rôle de premier plan dans l'histoire de la région, en particulier au cours des guerres de Religion.

La famille **de La Tour de Saint-Vidal**

Cette famille, qui devait accéder aux plus hautes charges et porter fièrement le titre de barons de Saint-Vidal, hérita du château probablement en 1266, grâce au mariage d'Adhémare de Goudet, dernière descendante des seigneurs du lieu, avec Hughes de La Tour, à qui son puissant voisin, le vicomte de Polignac, abandonna en 1288 les droits de haute justice, reconnaissant et consolidant ainsi son pouvoir sur ce fief.

Les membres de ces deux antiques dynasties du Velay devaient souvent se rencontrer, s'allier, se combattre et, ainsi, perpétuer un voisinage et une familiarité qui avait débuté au siège d'Antioche en 1097, auquel participa un seigneur de Saint-Vidal aux côtés d'Héracle de Polignac. Fameuse dès le Moyen Âge, cette victoire incertaine des premiers croisés, guidés par leurs chefs aux noms prestigieux, Godefroy de Bouillon, Bohémond de Tarente et Raymond IV de Toulouse, fit l'objet de nombreuses miniatures et même, en 1130, d'une chanson de geste, *La Chanson d'Antioche* composée au XIIe siècle par Richard le Pèlerin et remaniée au XIIIe par Graindor de Douai.

PAGE CI-CONTRE
Oriflammes des maisons d'Apchier et de Mercœur, dans la salle d'armes.

PAGE SUIVANTE
«Prise d'Antioche par les croisés», miniature de Jean Colombe, extraite des *Passages d'outremer* de Sébastien Mamerot, 1474-1475.

« Seigneur dit l'Hermite,
si vous voulez me croire,
Je vous dirai quel est mon projet :
Les bons combattants de France,
les chevaliers fameux,
Les ducs, les comtes, les princes,
les possesseurs de fiefs,
Je les ferai venir ici avec
les autres barons,
Si je croyais que ce fut selon
la volonté de Dieu. »

CHANSON D'ANTIOCHE, XII-XIIIe SIÈCLES

PAGE CI-CONTRE
Salle d'armes, garnie des hallebardes, lances, masses et haches utilisées lors des spectacles donnés à la forteresse.

CI-DESSUS
Porte du XVIe siècle, hérissée de clous en pointe de diamant. Elle permet d'accéder à la cour intérieure du château.

Une forteresse **développée à la Renaissance**

Le modeste château originel de Saint-Vidal devait prendre de plus en plus d'importance : les La Tour l'agrandirent, le renforcèrent, l'embellirent jusqu'à en faire le monument remarquable que l'on peut admirer de nos jours, la forteresse ayant subi assez peu de modifications depuis la Renaissance. Du XVe siècle datent son plan, assez simple, et son allure générale : cour centrale entourée de tours rondes, grande salle au premier étage… Tels Roquetaillade, Villebon ou Druyes-les-Belles-Fontaines, pour ne citer que quelques fameux exemples, Saint-Vidal s'inscrit dans la lignée prestigieuse des châteaux forts de France qui ne sont pas situés sur une hauteur mais qui ont résisté aux envahisseurs, aux outrages du temps et à la négligence des hommes.

Figure représentant probablement Bacchus, peinte *a fresco* (dans le frais), vers 1570. De style grotesque, elle est située à gauche de la cheminée du rez-de-chaussée du donjon. L'ensemble de la fresque a été mis au jour et restauré en 2021.

«Château de Saint-Vidal», lithographie d'Auguste Mathieu, extraite de *L'Ancienne Auvergne et le Velay* d'Adolphe Michel, 1844. La forteresse est alors la propriété des Porral.

Antoine Ier
Le début de la fortune

Antoine Ier de La Tour s'était hissé au rang des puissants seigneurs du Velay, en raison, entre autres, de son mariage, en secondes noces en 1533, avec Françoise d'Albon, issue d'une puissante famille qui cumulait de nombreuses charges à Lyon et dans la région lyonnaise : gouverneur, archevêques, maréchal, etc. On doit à Antoine Ier, qui se parait des titres de baron de Saint-Vidal, seigneur de Vaudragon, de Beaufort, de Cénaret et de Saint-Quentin, les aménagements de son château de Saint-Vidal dans le goût de la Renaissance : ouverture de fenêtres ornées de pilastres, construction de galeries dans la cour et, surtout, du grand portail dans le style italien, très nettement inspiré des ouvrages de l'architecte Serlio. On connaît peu de choses sur la vie d'Antoine Ier, mais on suppose qu'il fut tué au siège de Calais en 1558. Il n'aura donc pas vu la victoire des armées françaises du duc de Guise sur les troupes anglaises de lord Wentworth ni l'entrée du roi Henri II dans la ville dont la reconquête, après deux siècles de domination anglaise, aurait fait dire à la reine Marie Tudor, à la veille de sa mort survenue quelques mois plus tard : « Quand je serai morte et ouverte, on trouvera Philippe [son époux, le roi Philippe II d'Espagne] et Calais inscrits dans mon cœur. »

Prise de Calais par François, duc de Guise, le 9 janvier 1558, par François Édouard Picot, 1835-1837.

PAGE CI-CONTRE

La nature environnante vue depuis la terrasse inspirée de la Renaissance italienne.

CI-DESSUS

Portail Renaissance à bossages à trous, inspiré des travaux de l'architecte et sculpteur italien Sebastiano Serlio (1475-vers 1554). Il donne accès aux jardins par le nord.

Antoine II
Un héros à la Dumas...

C'est Antoine II, fils d'Antoine Ier, qui, sans nul doute, domine l'histoire de la famille et du château. Il est d'ailleurs regrettable qu'Alexandre Dumas n'en ait pas fait un de ses héros, dans la lignée des Blaise de Montluc ou du baron des Adrets, car s'il est oublié de nos jours, Antoine II de La Tour est le parfait représentant de la « race gothique » évoquée par Ronsard dans un poème fameux : guerrier redoutable, préférant l'action à la négociation, appelé aux plus hautes charges, il eut la tâche difficile d'être confronté à une période des plus sombres et difficiles de l'histoire de France, celle des guerres de Religion. Francisque Mandet, dans son *Histoire du Velay* (1840), dresse ainsi le portrait du châtelain de Saint-Vidal : « La croisade prêchée dans le palais épiscopal [du Puy-en-Velay], il y a quelques jours à peine, venait de rallier tous les gentilhommes de la province. Un d'entre eux surtout, qui depuis longtemps s'était signalé par sa haine contre les religionnaires [les Huguenots], se prononça dans cette réunion d'une façon si énergique, offrit ses services avec tant de dévouement, qu'il contribua par son exemple, peut-être plus encore que n'avaient pu le faire les paroles de l'évêque, à entraîner ses compagnons – C'était messire Antoine de La Tour, baron de Saint-Vidal. [...] petit, laid, irascible, vindicatif et fort souvent de méchante humeur. [...] Il était vêtu avec la plus grande simplicité et son costume se composait toujours des

PAGE CI-CONTRE
« Noble Antoine de La Tour, baron de Saint-Vidal, un des vaillants chevaliers de France », dessin extrait des *Mémoires* de Jean Burel (vers 1540-1603), représentant Antoine II de La Tour et ses armoiries.

PAGE SUIVANTE
Chœur de l'église de Saint-Vidal, dont la nef date du XIe siècle.

VOBLE anthoine Delatour ~~cheualier~~
aron de sainct vidal, vng des
aillans cheualliers de france

« Le Languedoc vit naître les commencements de La Ligue. Après la tenue des états de Carcassonne que présida l'évêque, en 1575, il se forma sur la plainte des députés d'Agen, de Béziers, effrayés des progrès des religionnaires et à l'instigation des Capitouls de Toulouse, une ligue des diocèses de la province contre les religionnaires et les catholiques politiques en vue de rétablir le catholicisme au détriment de toute autre confession. »

DUC DE LÉVIS-MIREPOIX,
***LES GUERRES DE RELIGION. 1559-1610*, 1950**

mêmes ajustements. C'était un maillot collant en tiretaine rouge avec un justaucorps de velours violet, un grand manteau noir et le feutre à larges bords. [...] Il avait aux oreilles des anneaux d'or, se tenait toujours la tête rasée, mais en compensation laissait croître outre mesure sa barbe et ses moustaches rousses.»

Haut en couleur, ce personnage n'avait rien d'un courtisan. Il fut nommé gouverneur militaire du Velay et lieutenant du roi en Languedoc par le fameux connétable Anne de Montmorency en 1562. Le roi Henri III (1574-1589) lui conféra les charges prestigieuses de gouverneur et sénéchal du Gévaudan et de gouverneur du Velay. Au cours des guerres de Religion, Antoine II devint l'un des chefs du parti catholique et, finalement, de la Ligue. Son dévouement, son courage et ses actions d'éclat lui avaient permis de gagner la célébrité au-delà des frontières de la province d'Auvergne et la reconnaissance des grands du royaume de France. Sur le caractère très particulier de la province où vivait Saint-Vidal, un érudit écrit au XXe siècle : «Pays d'états, jouissant par là d'une certaine autonomie, renforcée d'ailleurs par certaines habitudes d'indépendance de sa population à l'écart des grandes routes, traditionnellement attachée à son évêque et à son clergé demeurés près du peuple et partageant sa vie âpre, le Velay était au XVIe siècle resté imperméable aux idées nouvelles et à la Réforme qui avaient pourtant déferlé sur tout le midi de la France, provoquant des violences jusque dans les régions voisines [...] Ce caractère profond du Velay, joint aux ambitions d'une noblesse appauvrie et décimée par les guerres de la Renaissance et désireuse de refaire sa fortune par la guerre et les profits qu'elle implique, explique l'ardeur avec laquelle nobles, bourgeois des villes consulaires et paysans se consacrèrent à la guerre, politique pour les premiers, religieuse et idéologique pour les autres.»

Toujours en première ligne, Antoine II se dépensa sans compter durant trente ans pour la cause de la religion catholique et de la royauté et, lorsque le nouveau souverain fut Henri de Navarre, un huguenot, il n'hésita pas à servir la Ligue, très implantée dans sa province. Le Puy fut d'ailleurs la dernière ville ligueuse du royaume. Les connaissances d'Antoine II dans le domaine de l'artillerie, dont

CI-DESSUS
Le donjon, haut de 30 mètres, construit probablement à l'initiative d'Antoine II de Saint-Vidal pour la défense de la forteresse. Au quatrième niveau, la salle d'artillerie, datant du XVe siècle, est dotée d'un plancher flottant destiné à amortir l'ébranlement provoqué par le tir des canons.

PAGE CI-CONTRE
Au cœur de la cour intérieure, une clef de voûte aux armes d'alliance des maisons de La Tour et de Goudet, datant du XIVe siècle.

PAGE SUIVANTE
***Henri III, roi de France,* d'après François Clouet (vers 1505-1510–1572).**

27 mars 1585,

Monsieur de Sainct-Vidal, despuys la despeche bien ample que j'ay naguières faicte par tous frivoles bruictz qui courent de quelques nouveaulx remuemens, j'ay encores advizé d'envoyer le sieur de Sainct-Forgeul, present porteur, devers vous avec ung escript et memoyre que je lui ay baillé, pourtant declaration de mon intention en cest endroyt, l'ayant chargé d'aller de ma part devers les sieurs et gentizhommes de vostre charge, pour leur monstrer et communiquer ledit escrit et leur en laisser ung double, ad ce qu'ilz se conforment en ma volunté y declairée, vous priant vous employer ensamblement pour randre ceulx de ma noblesse cappables de madicte droicte intention et les retenir en l'obéyssance et fidellité qu'ilz me doibvent sans se laisser pratiquer soubz quelque pretexte que ce soyt, et vous me feres service très-agréable, priant Dieu, monsieur de Sainct-Vidal, vous avoir en sa saincte et digne garde.

Escrit à Paris, ce XXVIIe jour de mars 1585.
Henry

LETTRE DE HENRY III À ANTOINE II DE SAINT-VIDAL

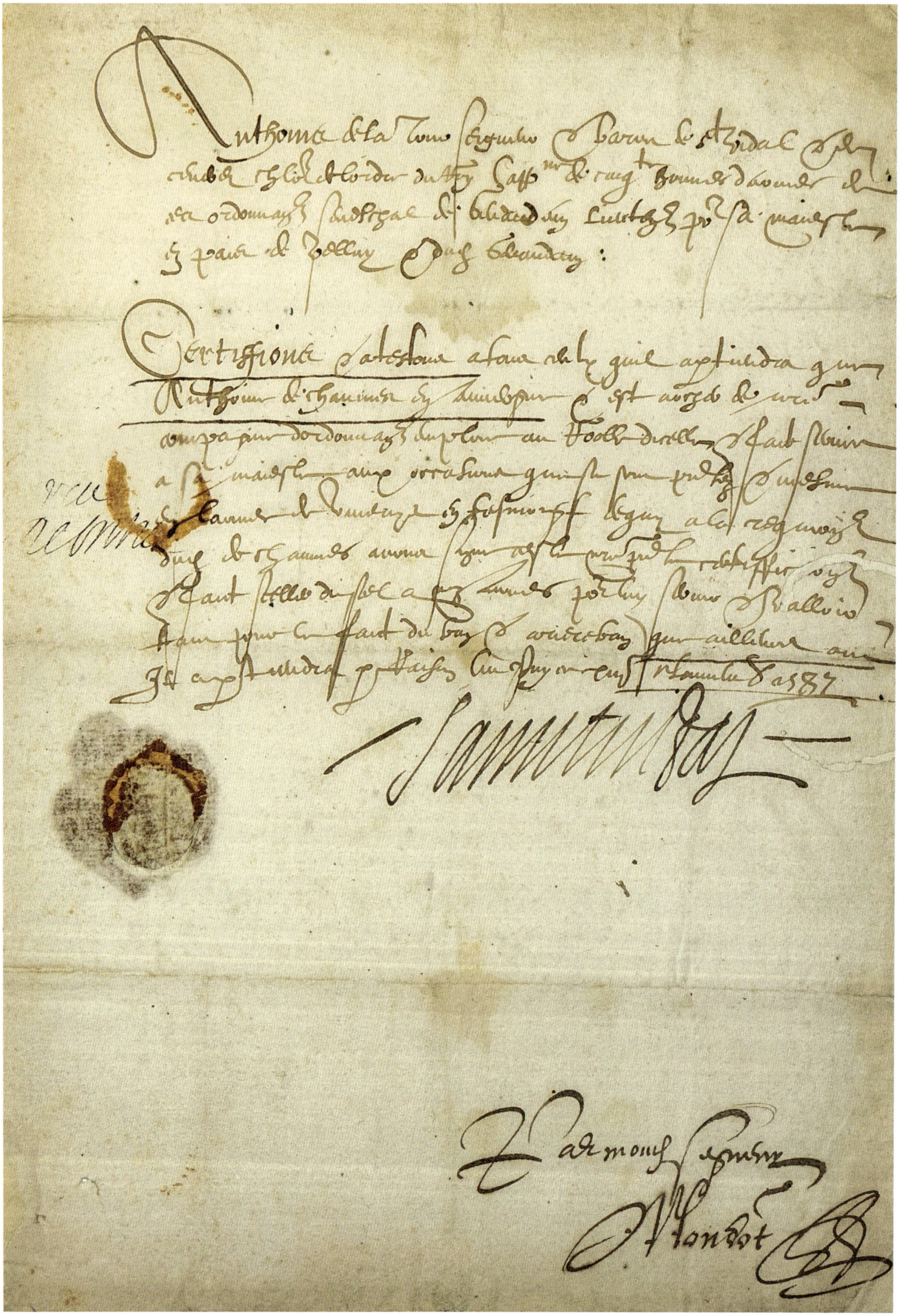
1587

il fut nommé grand maître par la Ligue, l'aidèrent à transformer la demeure de son père en puissante et redoutable maison forte : aménagement d'un glacis au pied des murailles, élévation d'un nouveau donjon pourvu de canonnières... Grâce à lui, Saint-Vidal devint véritablement imprenable, ainsi que le siège de 1591 devait brillamment le prouver et comme en témoignent encore de nos jours, dans les murailles et les tours, les impacts des boulets tirés depuis les collines environnantes. Ces glorieuses et impressionnantes cicatrices, à elles seules, sont la meilleure introduction à l'histoire du monument et des temps troublés qu'il a victorieusement traversés.

« En s'engageant dans cette mêlée furieuse du XVIe siècle, Saint-Vidal, blessé au siège d'Espaly en 1574, plus grièvement encore en 1580, au siège de Saint-Agrève où il perdit un œil, savait bien qu'il y périrait [...] le 16 juillet 1589, [...] il fit un testament secret dans lequel l'homme public et l'homme privé posent en quelque sorte vivant et mort devant nous. Ce testament [...] devint le programme des magnifiques funérailles que lui firent les habitants du Puy, le 3 du mois de mars [1591] », relate Romain Truchard du Molin (*La Baronnie de Saint-Vidal*, 1897).

En effet, comme son père, Antoine II devait mourir de façon violente et les armes à la main au cours d'un combat, le 25 janvier 1591, contre son neveu Pierre de La Rodde, cadet de Séneujols, « un grossier montagnard que l'intérêt avait jeté dans le camp des royalistes », alors qu'il parlementait avec le chef royaliste de Chaste sur le pont d'Estroulhas, près du Puy-en Velay. Avec lui s'éteignaient la famille et le nom auxquels il avait apporté tant de lustre et de prestige. Mais la résistance qu'il incarnait avec fougue et courage devait lui survivre. Avait-il programmé cette suite qui était dans la droite ligne des combats de sa vie? En effet, comme l'écrivit le chanoine Claude-Odon Reure dans *La Vie et les œuvres de Honoré Urfé* (1910) : « Ses funérailles auxquelles on a donné une splendeur extraordinaire ont réveillé les haines si mal éteintes. Les représailles contre les royalistes ont été terribles. »

PAGE CI-CONTRE
Document signé au Puy le 13 janvier 1587, portant les traces du sceau d'Antoine de La Tour.

CI-DESSUS
Portrait du duc de Mayenne (1554-1611), grand chambellan de France. Le baron de Saint-Vidal chevaucha à ses côtés durant les guerres de Religion.

Le siège de 1591
La forteresse imprenable

Le 12 juillet 1591, soit quelques mois à peine après le décès de son plus célèbre occupant, la forteresse de Saint-Vidal fut assiégée. Son exceptionnelle résistance donna raison à l'homme qui l'avait si judicieusement renforcée et dotée des plus remarquables perfectionnements dans le domaine de l'artillerie et de la défense, mais Antoine II ne fut pas témoin de ce remarquable succès posthume. L'avènement d'Henri de Navarre, un Bourbon professant la religion réformée, qui avait légitimement accédé au trône de France à la mort du dernier des Valois, Henri III, en 1589, entraîna dans tout le pays « une succession d'escarmouches et de trêves violées aussitôt que conclues », rappellent Patrick Ponsot et Yves Soulingeas dans *Le Château de Saint-Vidal* (1987). Le duc de Lévis Mirepoix dresse le récit de ces périodes troublées : « Ventadour, gendre et lieutenant de Montmorency en Languedoc, s'opposait, à ses côtés, dans de fréquentes rencontres au duc de Joyeuse, rival du gouverneur et ardent champion de la Ligue. » C'est ainsi que l'on relève dans les mémoires du temps que le futur Vert-Galant déclara à Tours que « la maison de Saint-Vidal serait démolie et abattue pour en perdre toute mémoire ».

« La maison de Saint-Vidal sera démolie et abattue pour en perdre mémoire [...], elle qui est une des places fortes de ce pays, que le sieur de Saint-Vidal avait fait faire toute neuve. »

HENRI DE NAVARRE , SELON JEAN BUREL, TANNEUR ET BOURGEOIS DU PUY

PAGE 48

Dans le grand salon du château, long de 18 mètres jusqu'au XVIIIe siècle, le portrait du cardinal Dominique de La Rochefoucauld-Langeac (1712-1800), d'après François-Hubert Drouais (1727-1775).

CI-DESSUS

Collection de cuirasses datant du Moyen Âge.

PAGE CI-CONTRE

Portrait de Henri II, duc de Montmorency (1595-1632), gouverneur du Languedoc, qui fit désarmer la forteresse sur ordre du cardinal de Richelieu.

Suivant cet ordre royal, Chambaud, lieutenant du fameux baron des Adrets, à la tête de huit cents hommes, assiégea le château et, s'étant emparé des canons du fort voisin de Polignac, fit tirer sur lui, du haut des collines de Locussol avoisinantes, plus de trois cents coups de canon. Les impacts et les boulets témoignent encore sur les murailles et dans les tours de ces fières blessures. Découragée par le manque de vivres et par le nombre des assaillants, la garnison de Saint-Vidal était sur le point de capituler lorsque son commandant, Pierre Portal, apprit que, si ses soldats se rendaient, ils seraient tous pendus. On comprend que cette annonce, ne laissant aucun doute sur la fourberie de leurs adversaires, galvanisa l'enthousiasme des assiégés et que leur chef refusa la reddition. La suite devait lui donner raison, puisque, impressionnées par un tel courage et par la solidité des murailles d'une forteresse imprenable, les troupes de Chambaud levèrent le siège et Saint-Vidal ne fut pas pris. La forteresse perdit définitivement son rôle militaire au XVIIe siècle : sur ordre de Richelieu, le gouverneur du Languedoc, Henri II de Montmorency, fit enlever les canons qu'elle abritait encore.

CASAL

PAGE CI-CONTRE
Boulets mis au jour dans les jardins de la forteresse.

CI-DESSUS
L'une des tours porte encore les impacts des boulets tirés depuis les collines environnantes, lors du siège de 1591.

Les Rochefort d'Ally
Deux siècles à la forteresse

Claire de Saint-Vidal épousa en 1582 Claude de Rochefort d'Ally, lui-même issu d'une famille d'Auvergne qui pouvait se targuer d'une ancienneté et de charges qui ne le cédaient en rien à celles de la famille de son épouse : charges prestigieuses telles celles de chanoines-comtes de Brioude, évêques de Bayonne et de Châlons…

« Capitaine de cinquante hommes d'armes, gentilhomme de la chambre du duc d'Alançon, baron et comte d'Ally, de Jozerand et autres seigneuries », explique Truchard du Molin, Claude de Rochefort d'Ally devait lui-même être assassiné par un de ses bâtards, près du Puy, en 1604. Malgré les espoirs d'Antoine II de perpétuer sans heurts sa lignée et la possession de son fief, ses dispositions successorales devaient après sa mort (1591) entraîner de longs procès, dont les péripéties et les rebondissements, qui dépassent le cadre de cet ouvrage, ne s'achevèrent qu'en 1706.

La famille de Rochefort d'Ally, préférant d'autres fiefs, ne marqua guère son passage à Saint-Vidal, en dehors de quelques aménagements et décors intérieurs (boiseries…) dont certains nous sont parvenus. La branche aînée s'éteignit au milieu du XVIIIe siècle et d'autres branches de la famille prirent possession du château jusqu'à sa vente en 1765 à Louis-Augustin Porral, pour 130 000 livres.

Dans la suite dite du marquis de Rochefort d'Ally, détail de la fresque datée de la fin du XIIIe siècle et mise à jour en juin 2021.

« Dieu n'avait donné qu'un fils à Antoine de Saint-Vidal, deuxième du nom, et ce fils, venu tard, d'enfance maladive, n'était pas destiné à vivre. De là l'importance que le baron de Saint-Vidal dut attacher au mariage de Claire, sa fille aînée, qui pouvait être et qui fut, en effet, tout l'avenir de sa maison. »

***LA BARONNIE DE SAINT-VIDAL*, PAR TRUCHARD DU MOLIN, 1897**

Dans la suite dite du marquis de Rochefort d'Ally, la fresque, datée de la fin du XIIIe siècle, arbore les armoiries des familles de Saint-Vidal et de Glavenas. Elle a été mise au jour en 2021.

Les Porral

Des aménagements de confort

Vieille famille bourgeoise du Velay, qui comptait parmi ses membres des médecins et des consuls de la ville du Puy dès le XVIe siècle, les Porral conservèrent Saint-Vidal durant deux siècles et ajoutèrent même à leur patronyme le titre de « baron de Saint-Vidal ». Résidant véritablement dans les lieux, ils y laissèrent davantage leur empreinte que leurs prédécesseurs. Le percement des larges fenêtres du rez-de-chaussée donnant sur la cour d'entrée, l'aménagement de salons de dimensions plus modestes que les salles de l'antique forteresse, et la pose de cheminées et de boiseries témoignent de la recherche de la lumière et du confort tels qu'on les concevait à la fin du XVIIIe et durant le XIXe siècle. Cependant, à nouveau, dans la pure tradition des *Plaideurs* de Racine, de nouvelles querelles et des partages de famille inextricables devaient un peu gâcher leur séjour, jusqu'à la vente du domaine à l'évêché du Puy en 1920. Dix ans plus tard, Jean de Lachapelle, marquis d'Apchier, oncle de l'actuel propriétaire Vianney d'Alançon, visitait le château dans le but de s'en porter acquéreur… mais il révisa son entreprise à la vue de l'ampleur des travaux à réaliser. Finalement, l'antiquaire Auguste Sahy l'acheta en 1930.

PAGES SUIVANTES
Le Puy-en-Velay vu depuis la Borne, avec, de gauche à droite, le rocher Saint-Michel d'Aiguilhe, le rocher Corneille portant la statue de Notre-Dame de France, et la cathédrale Notre-Dame.

Les Sahy
Des châtelains du XXe siècle

« Depuis cette date, les propriétaires, après en avoir assuré la sauvegarde par des travaux de protection et d'aménagement, lui ont rendu la vie en le meublant, en l'habitant une partie de l'année et en l'ouvrant durant la belle saison à des manifestions culturelles», souligne Bruno Tollon dans «Le château de Saint-Vidal» (*Congrès archéologique de France*, 1975). Ce propos décrit parfaitement les châtelains modernes qui, depuis le XXe siècle, ont eu le courage de s'attacher à la conservation d'un château, qu'ils en aient hérité ou qu'ils l'aient acquis. Regroupés au sein de La Demeure historique, association créée en 1924, il y a près de cent ans déjà, par les visionnaires que furent le docteur Joachim Carvalho et Boni de Castellane, ces propriétaires montrèrent un dévouement en faveur du patrimoine qui a permis la sauvegarde et l'ouverture au public de nombreux monuments historiques privés, témoins irremplaçables de l'histoire de France, de son architecture et de son art. Ils n'hésitèrent pas à consacrer une part importante de leur temps, de leurs ressources et de leur culture à cette noble cause, et on ne saurait trop les en féliciter et les en remercier. Le château de Saint-Vidal fut classé au titre des monuments historiques par arrêté du 21 novembre 1958. Les Sahy, famille d'antiquaires, firent bénéficier Saint-Vidal non seulement de leur enthousiasme, mais également de leur connaissance très fine de l'histoire et des arts décoratifs de l'Auvergne. Ainsi, durant près d'un siècle, la forteresse s'éveilla d'un long sommeil, fut entretenue, meublée, et accueillit largement les visiteurs. Mais les ans et leur irréparable outrage commencèrent à laisser leur marque sur le monument, jusqu'à sa reprise en main par son actuel propriétaire.

PAGES SUIVANTES
Grand salon d'apparat, avec sa cheminée monumentale de plus de 5 mètres de largeur et son mobilier d'époque.

Vianney et Laure d'Alançon
Les nouveaux maîtres des lieux

Les seigneurs d'autrefois seraient probablement fort étonnés, et sans doute heureux, qu'en ce XXIe siècle si éloigné des combats et des ambitions qui avaient régné sur leurs existences et présidé à leurs destinées et aux aménagements de leur demeure, Saint-Vidal soit repris par un de leurs lointains descendants. En effet, par ses aïeux, les marquis d'Apchier et les barons de Veyrac, Vianney Audemard d'Alançon descend en ligne directe des Rochefort d'Ally et des La Tour de Saint-Vidal. Ce clin d'œil de l'histoire, s'il a compté dans l'achat du château en 2016, ne saurait à lui seul expliquer cet acte. En effet, il suffit de regarder les photographies prises lors de cette acquisition et d'examiner l'état dans lequel se trouvait la forteresse pour comprendre le courage, l'ambition (voire l'inconscience ?) de celui qui, n'en ayant pas hérité, décida de se consacrer à sa restauration et à sa renaissance. Parfait représentant de la nouvelle génération de châtelains, poursuivant la tâche de ses prédécesseurs directs les Sahy, Vianney d'Alançon, dès le début, sut bravement s'atteler à la tâche immense qui l'attendait. Dans le deuxième chapitre de cet ouvrage sont décrits les principaux travaux qu'il entreprit, avec le soutien des autorités et celui des

PAGE CI-CONTRE
Vianney d'Alançon, actuel propriétaire, et sa famille.

PAGES SUIVANTES
Statuette de la Vierge du Puy, dite Vierge au manteau ; grande salle à manger et vue sur les salons du XVIIIe siècle.

CI-DESSUS
Le torrent du château du Thiolent, autre propriété des familles de Rochefort d'Ally et d'Apchier, situé à quelques kilomètres de la forteresse de Saint-Vidal. Cette représentation a été réalisée par la baronne de Veyrac, arrière-grand-mère du propriétaire actuel.

PAGES SUIVANTES
Au rez-de-chaussée de la forteresse, façade sud, dans les salons du XVIIIe siècle, la bibliothèque est accompagnée d'un portrait d'Éric Audemard d'Alançon (1906-2001), colonel de cavalerie qui, au sein de la 2e division blindée, participa à la libération de la France.

généreux partenaires qu'il sut rallier à sa cause, de même que la nouvelle vie de ce « château pour tous ». À ce stade, il semble simplement indispensable d'évoquer la personnalité du nouveau maître des lieux, qui déclarait en 2021 : « Comme beaucoup de Français, j'ai pour le patrimoine une passion et une émotion assez naturelles ; comment ne pas éprouver une fierté immense en voyant les merveilles architecturales et patrimoniales que notre pays a bâties depuis 2 000 ans ? Mais, plus personnellement, j'ai toujours considéré le patrimoine comme un moyen de rassembler et d'élever les hommes. » Puis, faisant allusion à son nouveau et ambitieux projet provençal au château de La Barben, Vianney d'Alançon terminait en disant : « Comme à la forteresse de Saint-Vidal, c'est ce projet que je propose aujourd'hui au Rocher Mistral ».

L'éveil d'une belle endormie

En 2017, en dehors d'un certain nombre de salles ouvertes à la visite une vingtaine d'années auparavant, le monument présentait de sérieux problèmes à régler d'urgence avant même de songer à d'autres projets. Dans son enthousiasme et sa volonté d'aller vite afin de rouvrir la demeure au public sans tarder, son nouveau propriétaire, Vianney d'Alançon, mit en route deux chantiers parallèles : l'un portant sur les travaux d'urgence, l'autre sur la restitution d'éléments disparus. D'abord menés sous la direction de Didier Repellin, architecte en chef des monuments historiques, en charge de la maîtrise d'œuvre, puis sous celle de Thomas Bricheux, architecte du patrimoine, ces travaux, activement suivis par les services de la Direction régionale des affaires culturelles d'Auvergne, furent réalisés par des entreprises locales.

Un système de défense remarquable

L'ensemble formé par le donjon et les tours fut restauré avec soin : les pierres des façades, les hourds, le sommet des tours, les échauguettes... ont été conservés et soigneusement restaurés. Les trous dans les murailles, témoignages émouvants des combats de 1591, ont bien entendu été conservés, de même que le glacis, œuvre d'Antoine II, qui ajoute une protection supplémentaire au pied de la forteresse. Le visiteur peut ainsi comprendre et admirer l'art du grand maître de l'artillerie de la Ligue qui sut rendre sa forteresse imprenable.

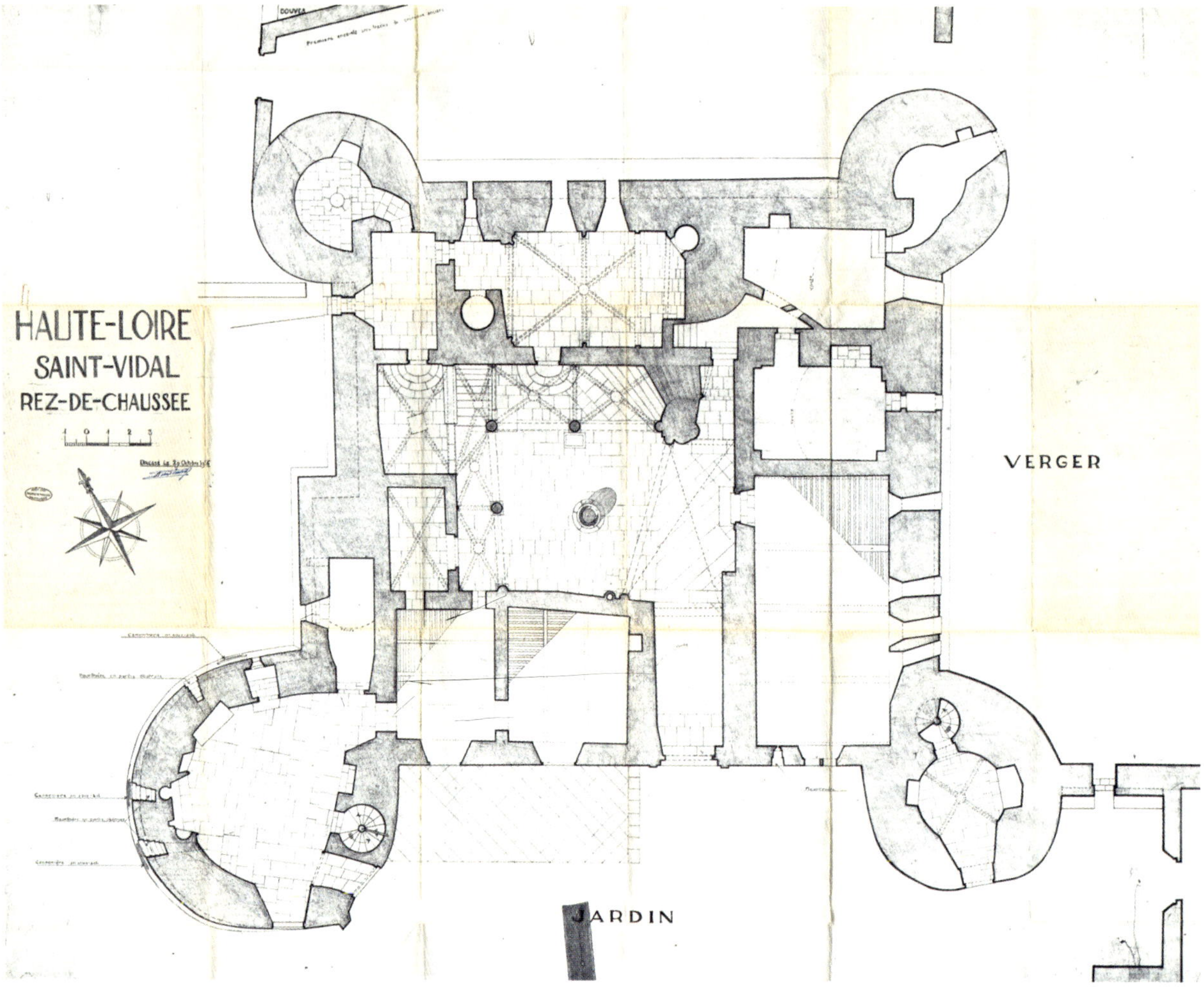

PAGE PRÉCÉDENTE
***Allégorie du Printemps*, XVIe siècle. Détail de la fresque découverte dans l'ébrasement de la fenêtre sud du rez-de-chaussée du donjon, restaurée en 2021.**

CI-DESSUS
Plan cadastral de la forteresse, 1956.

PAGE CI-CONTRE
Vue de la forteresse depuis les hauteurs du village de Saint-Vidal.

Dans le parc, un havre de verdure inspiré par les jardins à la française.

CI-DESSUS

Statuette de la Vierge, XVIIe siècle.

PAGE CI-CONTRE

Les salons et les chambres, datant principalement du XVIIIe siècle, ont été entièrement restaurés et aménagés.

Les intérieurs

Parallèlement fut entreprise la restauration d'une quinzaine de salles. Certaines d'entre elles avaient déjà fait l'objet de plusieurs campagnes de travaux et étaient habitables, d'autres présentaient l'aspect brut d'une forteresse inoccupée depuis des siècles : sols, plafonds, élévations fort endommagées voire menaçant ruine… dans des pièces ouvertes à tous les vents. L'ensemble n'était guère hospitalier et, dans tous les cas, peu compatible avec la nouvelle vie du monument et l'utilisation envisagée. Les menuiseries ne remplissant plus leur rôle, il fallut entreprendre un programme ambitieux de réfection et de fabrication de portes et fenêtres. On admire aujourd'hui le résultat de ce travail de haute qualité des artisans, notamment les décors de « plissés » parant les portes de vieux chêne dans la grande tradition des demeures du Moyen Âge ou des débuts de la Renaissance. L'ensemble des salles fit également l'objet de travaux d'installation de réseaux électriques et de chauffage afin d'en permettre l'utilisation tout au long de l'année. Les salons et chambres, datant principalement du XVIIIe siècle, furent, par la suite, restaurés, aménagés et meublés pour pouvoir accueillir des hôtes dans un esprit qui allie le confort le plus raffiné au respect des espaces historiques et des vestiges des décors encore présents.

La grande salle à manger

Une équipe de restauratrices italiennes de haut niveau, dirigée par Flaminia Lopez y Royo, a mis au jour et restauré le décor exceptionnel de la grande salle à manger de la forteresse : une fresque peinte a *fresco* (dans le frais), datant du XVIe siècle.

À l'occasion d'un dîner
aux chandelles servi
dans la salle à manger,
la table est dressée avec
de la vaisselle aux armes
des familles de Saint-Vidal
et de Rochefort d'Ally.

«Nous nous sommes interrogés longuement sur ce qui se cachait réellement sous les badigeons et différentes retouches. Impossible d'avoir une idée précise de l'ampleur du projet. Le défi était lancé!»

FLAMINIA LOPEZ Y ROYO, RESTAURATRICE

« L'action de Vianney s'inscrit dans le désir profond de redonner à un lieu historique et magnifique sa raison d'être. [...] De centre d'exercice du pouvoir, il se transforme en lieu de mémoire, de divertissement et de rassemblement. Sous l'impulsion de Vianney, Saint-Vidal redevient le barycentre des liens sociaux et reste l'âme de cette belle région. Preuve, une fois de plus, de la fonction essentielle du patrimoine. »

BENOÎT HABERT, PRÉSIDENT DU FONDS DE DOTATION JEUNES ET INNOVANTS

CI-DESSUS
Portrait de Pierre Joseph, marquis de Rochefort d'Ally, baron de Saint-Vidal, mort en 1766.

PAGE CI-CONTRE
Sur la cheminée du XVIIIe siècle trône une statuette de la Vierge du Puy, dite la Vierge au manteau.

PARIS
Mr Henri SAHY

PAGE CI-CONTRE
Dans le donjon, portrait du duc de Bouillon, par Pierre Davesne (1709-1793).

CI-DESSUS
Dans les salons du château, un art de vivre à la française.

Au premier étage du donjon, la cheminée aux armes des La Tour de Saint-Vidal est encadrée par les portraits de deux papes français, élus à Avignon respectivement en 1342 et 1370 : Clément VI (Pierre Roger, 1291-1352) et son neveu Grégoire XI (Pierre Roger de Beaufort, 1329-1378).

« Le chantier fut d'une grande complexité technique et il a fallu faire preuve d'une inventivité permanente pour le passage des réseaux, l'application des normes et réglementations et la conciliation des différents usages. Les compagnons ont donné le meilleur d'eux-mêmes en mettant leur savoir-faire au service du monument. Ce chantier fut une véritable aventure humaine, demandant patience, diplomatie, ténacité... Éprouvant, mais passionnant ! »

THOMAS BRICHEUX, ARCHITECTE DU PATRIMOINE, MAÎTRE D'ŒUVRE DU CHANTIER DE RESTAURATION

La suite Baron de Saint-Vidal

Cette vaste pièce a bénéficié d'une restauration d'envergure en 2021. Le nom qui lui a été attribué rend hommage à Antoine II de La Tour (vers 1540-1591), baron de Saint-Vidal, personnage le plus illustre de la lignée. Fin stratège, Antoine fut gouverneur du Velay et du Gévaudan et grand maître de l'artillerie de France. Passionné d'art italien, il fit entrer la Renaissance dans les murs de la forteresse.

La suite Prince de La Tour d'Auvergne

En 2020, la restauration de cette vaste pièce a permis de reconstituer l'imposante cheminée et les magnifiques plafonds peints du XVIe siècle, que le temps avait endommagés.

La suite Comte d'Apchier

Après le siège de 1591, certaines parties de la forteresse n'avaient pas été restaurées. C'est maintenant chose faite, comme ici, cette chambre située dans les parties hautes, redevenues des lieux de vie.

Les fresques de la suite Marquis de Rochefort d'Ally

La chambre du marquis de Rochefort d'Ally présentait un sobre décor de boiseries datant du XVIIe siècle. Peu après l'acquisition du château, le duc de Polignac, voisin de Vianney d'Alançon, confia au nouveau propriétaire qu'une tradition orale assurait que, sous ces boiseries, se trouvait un décor exceptionnel.

C'est ainsi que furent redécouvertes de remarquables peintures murales, dont le décor héraldique (suite d'armoiries, parmi lesquelles celles des Saint-Vidal et des Glavenas) est datable de la fin du XIIIe siècle. Ce décor a été restauré par une équipe italienne de haut niveau sous la direction de Flaminia Lopez y Royo.

En 1582, Claude de Rochefort d'Ally épousa Claire de Saint-Vidal, fille aînée d'Antoine II de La Tour de Saint-Vidal. Dans cette grande pièce, une fresque d'exception a été mise au jour et restaurée en 2021. Un plafond orné de décors datant du XVIe siècle a également été découvert.

CI-DESSUS
Buste contemporain représentant Sixte d'Alançon.

PAGE CI-CONTRE
Détail de la bibliothèque du salon de la terrasse italienne.

DES DEUX RESTAURATIONS
ELMONDÉ
AVIS AU PEUPLE
MYTHOLOGIE DE LA JEUNESSE
GENERAL LECLERC
1563 L'ANNÉE.
LES HVGVENOTS.
ASSEMBLÈRENT ARMÉE.
CONTRE L'ÉGLISE POVR ABOLIR
LA MESSE ET LES IMAGES
ET FIRENT PRESSE DE CE
PAYS. POVR LE ROY ANTOINE
DE LA TOVR BARON DE CE
PAYS ET SEIGNEVR
DE S^T VIDAL NOMÉ ANTHÉ
DE LA TOVR PAR SVR NOM QVI
A FAIT BATIR LE BAS DE CESTE
MAISON.
DOMINE DILEXI DECOREM DOMVS TVAE

PAGE CI-CONTRE
L'escalier médiéval donne accès à la galerie, au premier étage de la forteresse.

CI-DESSUS
Table de jeux et tableaux du chevalier d'Ally et du général comte Charles Gaspard Saski, dit « comte Saski » (1850-1913).

« J'apporte tous mes encouragements [au] beau projet de Saint-Vidal [...] pour que tous ensemble, on puisse faire ressusciter cette belle forteresse. »

STÉPHANE BERN, ANIMATEUR DE RADIO ET DE TÉLÉVISION, ACTEUR ET ÉCRIVAIN

La galerie des Portraits

La galerie des Portraits a été restaurée et décorée en 2018 par des artisans établis dans le village et par un ancien compagnon du Tour de France du Velay.

« Je suis très admiratif [du projet de rénovation] de Saint-Vidal qui fait revivre les racines régionales. »

ÉRIC DE CROMIÈRES, PRÉSIDENT DE L'ASM CLERMONT AUVERGNE

La bibliothèque

Créée en 2018 à l'occasion de la restauration d'une salle, la bibliothèque met à l'honneur des grands noms de la littérature française : Blaise Pascal, Jean de La Fontaine, Molière, Charles Perrault, Edmond Rostand ou encore Madame de La Fayette…

Le cabinet de curiosités

Cet endroit singulier plonge le visiteur au cœur de l'histoire de la bête du Gévaudan. On y croise des figures marquantes : le roi Louis XV, monseigneur de Choiseul-Beaupré, évêque de Mende, et le marquis d'Apchier. La battue organisée par le marquis le 19 juin 1767 permit à Jean Chastel de tuer la bête dans le bois de la Ténazeyre.

La chapelle

L'inventaire de la forteresse dressé au XVIe siècle après la mort d'Antoine II fait mention d'une chapelle, aujourd'hui disparue. Une nouvelle chapelle a donc été créée. Le maître-autel du XVIIIe siècle, entièrement restauré, est un don des habitants de Lubilhac, dans le Brivadois.

Les cuisines

Les cuisines datant du XIIe siècle, dotées d'une cheminée sarrasine large de plus 6 mètres et haute de 20 mètres, sont couvertes d'une voûte en parapluie du XVe siècle. Les pièces ont été entièrement décorées.

CI-DESSUS, PAGE CI-CONTRE
ET PAGES SUIVANTES

Pour favoriser l'immersion des visiteurs, l'ambiance d'une cuisine du Moyen Âge a été reconstituée.

PAGE CI-CONTRE

Déambulation au premier étage de la galerie.

CI-DESSUS

La salle des Arquebuses offre un poste de tir stratégique pour la défense de la forteresse.

La salle des Croisades

Restaurée en 2018, la salle des Croisades est couverte de plafonds à la française du XVIIe siècle. Cette pièce a été décorée des armoiries des principales familles d'Auvergne, du Velay et du Gévaudan.

PAGE CI-CONTRE

Un escalier bâti dans l'épaisseur des murs de la forteresse, dont certains sont épais de plus de 3 mètres.

CI-DESSUS

Les oubliettes de la forteresse…

La cour et ses galeries

Les archives attestant que la cour du château avait été embellie par Antoine Ier de galeries couvrant deux étages, le parti adopté fut de restituer ce remarquable ensemble de la Renaissance en partie disparu. Cette décision, basée sur des documents d'archives incontournables et précis, fut validée par les services des monuments historiques. Il était en effet impensable de se contenter de laisser la cour dans le triste état dont témoignent les photographies anciennes : un seul rez-de-chaussée surmonté de murs aveugles ouvrant sur le ciel. La restitution des galeries de la cour, silencieusement réclamée par le trou béant qui leur avait succédé, devait rendre au monument sa véritable importance et fut exécutée avec le plus grand soin. Les pierres, de grès ocre, de la seule partie subsistante provenaient des carrières de Blavozy sur laquelle Antoine Ier avait des droits d'exploitation. On alla donc chercher des pierres dans ces carrières fort prisées, et cela ne se fit pas sans mal : au même moment, le chantier d'achèvement de la basilique de la Sagrada Família à Barcelone, célèbre chef-d'œuvre de l'architecte Gaudí, absorbait une grande partie de la production.

La galerie de la cour intérieure

Les galeries à trois niveaux ont toutes été restituées dans leur forme du XVIe siècle, après examen des vestiges retrouvés sur place et étude des traités d'architecture de Philibert de l'Orme et de Sebastiano Serlio.

La cour intérieure

La cour a été entièrement restaurée, comme le montrent les photographies prises en 2017, avant les travaux. On y remarque l'absence des galeries supérieures, effondrées plusieurs siècles auparavant.

« Grâce à l'engagement de Vianney d'Alançon, la mémoire de la forteresse est plus que jamais vivace. En tant que président de Région, j'ai toujours défendu une conviction : notre patrimoine d'exception est un trésor qu'il nous faut préserver mais aussi, et surtout, transmettre. C'est le sens du soutien que nous avons apporté à cet ambitieux projet de restauration et de mise en valeur de la forteresse à travers l'organisation de spectacles flamboyants mettant à l'honneur l'histoire, les personnages et les traditions de cette province historique du Velay que j'aime tant. »

LAURENT WAUQUIEZ, PRÉSIDENT DU CONSEIL RÉGIONAL D'AUVERGNE-RHÔNE-ALPES

PAGE CI-CONTRE
Détails des ogives de la galerie de la cour intérieure.

CI-DESSUS
Au-delà de la lourde porte principale, il faut encore franchir la grille d'entrée pour pénétrer dans la cour intérieure.

Portails et fenêtres

Les fenêtres, portails et autres ouvertures, agencés dans un savant désordre qui trahit les particularismes de sa province et les tâtonnements des campagnes successives menées au XVIe siècle pour agrémenter la redoutable forteresse médiévale, durent être soigneusement restaurés et mis en valeur. À juste titre, Saint-Vidal s'enorgueillit de présenter un ensemble remarquable de portails et de fenêtres représentatif du goût de la Renaissance. Inspirés de l'Italie, ces embellissements témoignent du désir de transformer la forteresse en demeure de plaisance, et ont tous été méticuleusement restaurés. Le portail donnant accès à la grande salle du premier étage est le plus emblématique : l'influence des traités du célèbre architecte Sebastiano Serlio, qui travailla aux châteaux de Fontainebleau et d'Ancy-le-Franc, est manifeste. Elle s'explique sans doute par les liens étroits entre les châtelains de Saint-Vidal et le milieu lyonnais où les théories de l'architecte avaient pénétré.

À DROITE

Couverture des *Reigles générales de l'architecture* de Sebastiano Serlio (1475-vers 1554), deuxième édition en français du livre IV de son traité *Tutte l'opere d'architettura*, publiée en 1545.

PAGES CI-CONTRE ET SUIVANTES

Les remarquables portails et portes de la forteresse témoignent de l'influence des traités de Sebastiano Serlio, célèbre architecte et sculpteur italien de la Renaissance.

Les jardins

Naturellement, la forteresse ne comptait pas de jardin dans sa disposition première. Il ne serait pas venu à l'idée des bâtisseurs de Saint-Vidal et de ses occupants de doter leur fief d'un tel ornement puisque sortir des murs était réservé aux tâches indispensables et non à la douce flânerie et aux moments privilégiés qu'évoquent miniatures et poèmes sur le charme des jardins médiévaux. Cela était réservé aux cloîtres et aux monuments plus importants ou plus protégés. La vue sur les lointains du Velay et sur les collines avoisinantes devait suffire à combler les habitants du lieu et à leur permettre d'apprécier le cycle des saisons.

De nos jours, le jardin est devenu un élément essentiel d'un monument, encore davantage lorsque ce dernier est largement ouvert au public. C'est ainsi que Vianney d'Alançon décida d'aménager les abords immédiats et de tirer parti des terrains disponibles au pied de la forteresse pour créer un écrin de verdure. Il fit appel au talent de deux paysagistes, François d'Orléans et Philippe de Saizieu et, tous trois, ils imaginèrent les parterres et bosquets où l'on peut se promener aujourd'hui.

Le jardin s'étage sur trois niveaux. D'une sobriété de bon aloi, la cour d'honneur fut simplement embellie par de discrets parterres de fleurs et broderies de buis, l'essentiel restant minéral. Au pied de la façade est, la configuration du terrain permit de plus ambitieux développements et la création d'une terrasse à l'italienne, hommage à Serlio. Une vaste prairie, bordée de charmilles taillées en contreforts, discrets rappels de l'architecture, s'achève par des parterres de buis et une plantation de cyprès. Ces arbres du Midi sont-ils là pour affirmer, comme les tuiles romaines, le caractère méditerranéen du Velay et du Gévaudan, ou pour rappeler le retour de Terre sainte des croisés partis d'Auvergne ? Un peu des deux, sans doute. Cette perspective est bordée sur sa gauche par un savant bosquet où les ifs taillés, les charmilles et autres topiaires, invitent à une promenade dans un univers paisible et raffiné.

Enfin, au niveau inférieur, la recréation d'un vaste bassin évoque le « peyciés », ou bassin de pêche d'origine, et permet au château de se refléter dans ses eaux tranquilles et peu profondes. Conservatoire botanique d'une grande richesse, les jardins présentent environ 2500 espèces différentes. Dans le rude Velay, le rythme des saisons est fortement marqué : au triomphe estival et coloré des *mixed-borders*, savant mélange de phlox, de delphiniums et autres plantes vivaces, succèdent les teintes ocre et rouille des feuillages de l'automne avant que le général hiver ne rende à Saint-Vidal les couleurs les plus évocatrices de son passé médiéval.

PAGE CI-CONTRE
Au pied de la façade est s'étend une vaste prairie bordée de charmilles taillées en forme de contreforts comme un écho à l'architecture de la forteresse. Elle s'achève par des parterres de buis et une plantation de cyprès.

DOUBLE PAGE SUIVANTE
La chapelle castrale, devenue l'église du village, date du XIe siècle. Son décor intérieur comporte des fresques médiévales ainsi que deux litres seigneuriales aux armes des Saint-Vidal.

CI-DESSUS

La terrasse à l'italienne est embellie de discrètes broderies de buis et de parterres de fleurs.

« Ce jardin est un voyage dans le temps qui commence il y a 1 000 ans pour atteindre son apogée aujourd'hui. Les dessins sont un hommage à l'histoire, chaque essence a été scrupuleusement choisie pour composer l'écrin de cette magnifique forteresse. »

FRANÇOIS D'ORLÉANS, ARCHITECTE PAYSAGISTE

Vianney d'Alançon en compagnie de François d'Orléans, architecte paysagiste.

PAGE CI-CONTRE

Conservatoire botanique d'une grande richesse, les jardins accueillent environ 2500 espèces.

DOUBLE PAGE SUIVANTE

La forteresse se reflète dans les eaux tranquilles d'un vaste bassin, évocation du *peysier* originel (ou bassin de pêche, en langue d'oc). Ce bassin a été créé lors de la récente rénovation de la forteresse.

À la découverte…

Un château pour tous

Le spectacle immersif et les spectacles nocturnes de Saint-Vidal sont nés de l'ambition du nouveau propriétaire des lieux de raviver la transmission de l'histoire d'une génération à la suivante. Ayant constaté que la mémoire collective éprouvait de plus en plus de difficultés à retenir les moments, clés ou modestes, qui ont marqué la province du Velay et, bien au-delà, la province d'Auvergne et la France, il comprit que les pierres de Saint-Vidal pourraient jouer un rôle important dans l'évocation de l'histoire locale et nationale.
Loin de souhaiter acquérir une demeure de plaisance réservée à sa famille et à ses proches, Vianney d'Alançon a entrepris non seulement d'ouvrir la forteresse au plus grand nombre, mais également de partager cette aventure avec les habitants et les bénévoles qui l'ont rejoint. Il appartient à la nouvelle génération de gestionnaires et d'animateurs du patrimoine qui font rayonner l'histoire de France au cœur de monuments prestigieux, soutenu par l'engagement de beaucoup associé à une connaissance très fine des technologies de pointe.
Situé dans une région qui a perdu une grande part de son activité et de son économie traditionnelle qui était basée sur l'agriculture, Saint-Vidal est ainsi devenu une attraction touristique, un lieu de détente et de rencontres, et un pôle de développement économique local.

La brasserie et la taverne

La bière est rapidement apparue à Vianney d'Alançon comme un facteur de lien social, depuis la phase d'élaboration jusqu'à la consommation ! Il est vrai que la bière de Saint-Vidal peut se targuer d'une histoire aussi ancienne que la forteresse : une tradition orale en fait remonter la première production à l'époque d'Hugues de La Tour, baron de Saint-Vidal, pendant la guerre de Cent Ans. Les terres du Velay et du proche Gévaudan livrent une eau très pure et fournissent depuis des siècles des céréales de qualité. Aussi le processus de fabrication, basé sur un savoir-faire ancestral et dirigé par un brasseur professionnel, combine-t-il ces denrées locales avec du houblon provenant d'Alsace et du malt de Belgique. La bière est brassée sous les voûtes d'une salle du XVe siècle aux splendides proportions, restaurée pour accueillir des équipements modernes. À la taverne toute proche se retrouvent les salariés du domaine, et se rencontrent villageois (Saint-Vidal compte 600 habitants) et touristes de passage. La Saint Vidal blonde et la Saint Vidal blanche sont désormais distribuées dans toute la région et participent au rayonnement de ce nom, au-delà des frontières du Velay.

JG
362

« Du point de vue de notre Fondation Michelin, le projet de la Forteresse Saint-Vidal porté par Vianney d'Alançon présentait plusieurs atouts : il garantissait la rénovation d'un haut lieu du patrimoine auvergnat ; il stimulait l'emploi local ; il était créateur d'activités culturelles nouvelles ; il se situait à proximité d'un des sites de Michelin ; il bénéficiait d'un financement public-privé ; enfin, il se voulait économiquement viable avec des sources de revenus pérennes. Aujourd'hui, ce projet s'est mué en réalité, grâce à l'audace et au dynamisme d'un homme passionné de patrimoine et d'histoire de France. Quelle joie d'assister à sa réussite ! Bravo, Vianney ! »

PHILIPPE LEGREZ, DÉLÉGUÉ GÉNÉRAL DE LA FONDATION D'ENTREPRISE MICHELIN

Le spectacle immersif

Les forteresses ont toujours été des centres de vie où un lien fort unissait un seigneur avec la population environnante. Cette dernière trouvait bien sûr dans leurs murs protection et défense, et découvrait des aperçus sur un monde lointain, en relation avec les grandes villes, avec la capitale, voire les pays étrangers, dont les influences se mêlaient peu à peu aux traditions locales. À Saint-Vidal, l'histoire a inspiré les deux grands thèmes des visites : «La mémoire d'un peuple» et «La forteresse imprenable». La tradition des conteuses qui, durant des siècles, le soir à la veillée, narraient récits et légendes à des auditeurs qui, pour la plupart, ne savaient pas lire, a été reprise avec le support des technologies les plus modernes : nouvelles techniques, effets spéciaux, odeurs, portraits qui parlent... Rien n'a été oublié pour séduire le visiteur d'aujourd'hui, qui ne se contente plus d'un texte appris par cœur. Les enfants sursautent lorsque les armures se mettent en mouvement, leurs parents sourient lorsque, dans la bibliothèque, le corbeau répond au renard dans une évocation des *Fables* de La Fontaine alliant technologie et humour. Chacun est séduit par les victuailles dans les cuisines et intrigué par d'antiques recettes. Des acteurs en chair et en os semblent sortir des tapisseries pour se battre en duel, et le visiteur, dont l'intérêt est sans cesse soutenu, ignore qui, parmi les moines, se mettra à parler ou restera de marbre. En somme, d'une salle à l'autre, l'effet de surprise est total et maintient en haleine l'attention du public, qui repartira de la forteresse la tête pleine d'images et de souvenirs nourris de détails historiques soigneusement vérifiés, abordés dans la bonne humeur, et le sourire aux lèvres : le cours d'histoire est devenu ludique !

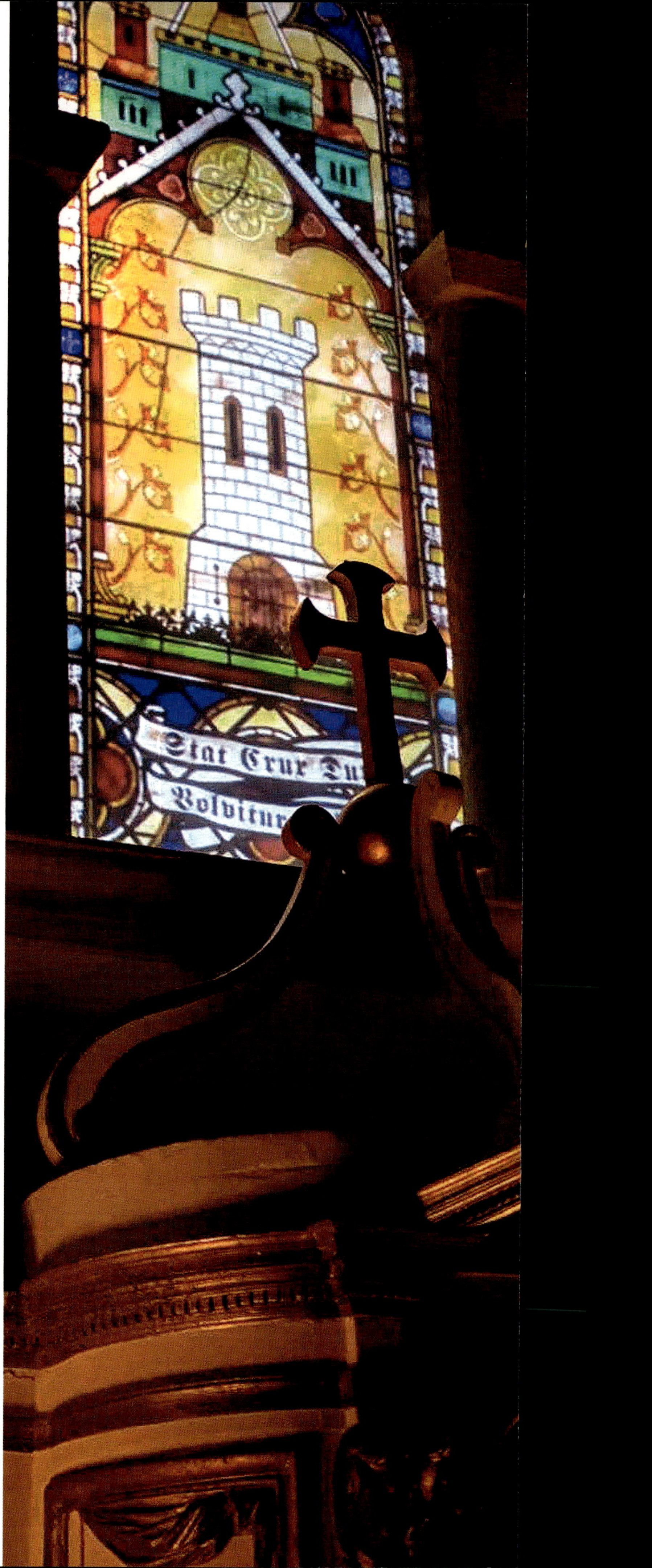

«L’accès de Saint-Vidal au public est l’occasion de visiter un vestige de notre mémoire collective, de voir et d’entendre de belles histoires et, surtout, la plus belle d’entre elles, puisque c’est l’histoire de France dont il s’agit, [qui se déroule devant nous] dans ces vieilles pierres magnifiques que sont celles de la forteresse de Saint-Vidal.»

LORÀNT DEUTSCH, AUTEUR, ANIMATEUR ET ÉCRIVAIN

Les spectacles nocturnes

Près de 300 bénévoles participent aux spectacles. Venus d'horizons fort divers, ils se retrouvent, saison après saison, pour partager ces moments de récréation et de re-création. Le lien social, souvent presque éteint dans les régions rurales, renaît. Ainsi, les femmes ont repris leurs ouvrages dans la tradition de leurs grands-mères qui faisaient des dentelles du Puy. Leurs réunions portent le nom de «couvige», et le Grand Couvige international de la dentelle se tient chaque année à Blavozy, célèbre pour ses carrières de pierre.
Dans cet esprit, les femmes du pays ont réalisé les costumes et les coiffes des acteurs. Combats, intermèdes musicaux, défilés, danses, scènes pastorales… se succèdent dans la nuit estivale et font revivre les grandes heures de Saint-Vidal dans une scénographie étudiée et aux effets inattendus.

«Vianney d'Alançon a deviné que la forteresse avait toujours un devoir, une nécessité, qu'elle était née pour défendre et fédérer. Il mit tout son enthousiasme à ressusciter cette vocation, séduisant les uns, convainquant les autres, entraînant toute une région et bien au-delà. Je proposais un canevas, Vianney écrivit un spectacle et nous voilà partis. Accompagné de ma fille Hortense, je faisais le voyage vers Le Puy deux fois par mois pour retrouver des bénévoles pleins d'énergie et d'une grande détermination teintée d'humilité, communiant à cette aventure dans la joie. Ces gens du Velay ne s'y sont pas trompés, ils se sont approprié le projet et ont fait revivre la forteresse. Aujourd'hui, elle défend toujours un peuple, un territoire, une culture!»

URBAIN CANCELIER, ACTEUR ET METTEUR EN SCÈNE

« Au cœur de notre village, la forteresse qui fait notre fierté revit à nouveau. Ces vieilles pierres nous parlent et nous racontent notre histoire. Merci Vianney pour tout ce que tu as entrepris pour notre patrimoine, ici à Saint-Vidal ».

GÉRARD GROS, MAIRE DE SAINT-VIDAL

« Faire renaître cette forteresse de Saint-Vidal, chargée d'histoire, n'était pas simplement un rêve pour les amoureux du patrimoine, dont je fais partie ; c'était également un signal fort de volonté de revitalisation du territoire, à travers l'engagement de toute une population, ravie de donner du sens à son attachement régional. »

**JEAN-DOMINIQUE SENARD,
PRÉSIDENT DE RENAULT,
ANCIEN PRÉSIDENT DE MICHELIN**

Paroles des **bénévoles**

« Au début, j'y suis allée par simple curiosité, mais finalement je me suis laissée prendre au jeu... Saint-Vidal a été une expérience exceptionnelle pour moi, avec de belles rencontres. Le rôle de Madame de Saint-Vidal m'a permis de m'ouvrir un peu (moi qui suis une grande réservée). Saint-Vidal est devenu une vraie famille, on peut compter les uns sur les autres... »

VIRGINIE SOULAS, 37 ANS

« Très attaché à la Haute-Loire, et à son patrimoine, j'ai eu envie de contribuer à la valoriser et à la faire découvrir, en participant au spectacle de la forteresse. Un beau voyage dans le temps pour le plus grand plaisir des bénévoles et des spectateurs. De nouvelles amitiés sont venues enrichir cette formidable expérience sur le plan humain. »

JEAN-LUC ALLERA, 74 ANS

« Pour moi, le château de Saint-Vidal compte énormément. Natif de Saint-Vidal, enfant, je jouais dans le château. Le temps passant, il devint ruine jusqu'au jour où il se refit une beauté. Dans la joie des projets, je fus un des pionniers des bénévoles pour faire revivre avec cette grande famille la fierté de "mon" château. »

DENIS BERGER, 67 ANS

«Saint-Vidal est un lieu où j'ai grandi et où j'ai le plaisir de voir mes enfants s'épanouir à leur tour. La forteresse et ses spectacles nous permettent de redécouvrir en famille notre patrimoine et son histoire. Ici, chacun trouve sa place dans une ambiance bienveillante. À chaque spectacle, une nouvelle émotion et c'est une grande fierté de faire revivre ce lieu qui nous est si cher.»

FANNY VIDAL, 37 ANS

«Lorsqu'en été 2018, nous avons visité avec mon fils le château de Saint-Vidal, nous étions loin de deviner la belle aventure que nous allions y vivre. Nous avons intégré une équipe de bénévoles, au sein de laquelle se sont forgées des amitiés fortes et sincères. Nous sommes devenus acteurs pas seulement sur scène, mais dans chacune des étapes de l'évolution de cette épopée extraordinaire. Nous avons la chance de pouvoir participer et apprendre dans des domaines variés comme la réalisation de costumes et d'accessoires, les coulisses d'un spectacle, sa conception ainsi que plein d'autres créations d'événements. Merci à Vianney, Isa-Lou, Charlotte et à toute l'équipe de nous permettre de vivre ces moments forts qui s'inscrivent dans nos vies.»

NATHALIE ET ALEXANDRE BELLON, 56 ET 16 ANS

«L'aventure Saint-Vidal, au-delà d'être une opportunité professionnelle sans égale, a été l'occasion de collaborer à de multiples projets fantastiques et ambitieux. Un puits inépuisable de rencontres exceptionnelles, une véritable ressource qui m'ont fait grandir humainement et professionnellement au sein d'un patrimoine époustouflant.»

ISA-LOU VILLE, 30 ANS

«En me retrouvant impliqué par le plus grand des hasards dans le projet de Saint-Vidal, je ne pouvais pas me douter que ce dernier prendrait une place si importante dans ma vie de jeune adulte. Saint-Vidal, c'est avant tout une histoire, une expérience, des rencontres intergénérationnelles, de la complicité, des rires et une passion commune, celle du patrimoine. Cette aventure m'a permis d'ouvrir mes ailes, de partager et de recevoir de l'amitié dans la joie et la bonne humeur.»

RAPHAËL MIALON, 23 ANS

«Avec ma sœur, nous adorons venir à Saint-Vidal et faire découvrir notre beau château. C'est génial de mettre les costumes et de jouer un rôle devant les spectateurs!»

VICTOIRE MAGNE, 10 ANS

«Le château de Saint-Vidal a été ma bouffée d'air frais après mon *burn-out*. J'y ai rencontré des gens formidables qui sont devenus de véritables amis. Une famille de cœur offrant de nombreux échanges intergénérationnels.»

SANDRINE CICÉRO, 45 ANS

Bibliographie

René-Pierre AUDRAS, « Un héros à la Dumas. Le baron de Saint-Vidal », *Historia*, 1994.

Jean-Pierre BABELON, « Le château de Saint-Vidal », *Châteaux de France au siècle de la Renaissance*, Paris, Flammarion, Picard, 1989.

Nicolas FAUCHERRE, *La Fortification du château de Saint-Vidal (XIIIe-XVIe siècle)*, mémoire de maîtrise en archéologie, université des sciences humaines de Strasbourg, 1981.

Francisque MANDET, *Histoire du Velay*, tome cinquième : *Guerres civiles, politiques et religieuses. La Réforme – La Ligue*, Le Puy, Marchessou, 1862 ; reproduction en fac-similé, Nîmes, Lacour, coll. « Rediviva », 2015.

Jean Héracle de POLIGNAC, *Châteaux de la Haute-Loire*, Paris, Nouvelles Éditions latines, coll. « Art et tourisme », 1971.

Patrick PONSOT et Yves SOULINGEAS, *Le Château de Saint-Vidal*, Saint-Vidal, Éditions de la Borne, 1987.

Edmond SAHY, « Le château de Saint-Vidal », *Vieilles Maisons françaises*, n° 22, octobre 1964, p. 15-17.

Sebastiano SERLIO, *I sette libri dell'architettura o Trattato di architettura*, 1545.

Bruno TOLLON, « Le Château de Saint-Vidal », *Congrès archéologique de France*, 133e session, Velay, 1975, Paris, Société française d'archéologie, Musées des monuments français, 1976, p. 704-714.

Romain TRUCHARD DU MOLIN, *La Baronnie de Saint-Vidal*, Le Puy, Marchessou, 1897 ; reproduction en fac-similé, Nîmes, Lacour, coll. « Rediviva », 2012.

Jean-Michel VIALLET, *Antoine II de la Tour, baron de Saint Vidal, vers 1540*-1591, mémoire de maîtrise en histoire moderne, université des lettres et sciences humaines de Saint-Étienne, juin 1990.

Remerciements

Notre immense gratitude aux bénévoles de la forteresse de Saint-Vidal qui ont donné et donnent de leur temps, de leur énergie ainsi que tout leur cœur aux spectacles et au patrimoine historique auxquels ils tiennent. Merci pour leur soutien, leur passion et leur engagement, sans lequel rien n'aurait été possible.

Et plus particulièrement : Jonathan Achen, Alain Adrien, France Adrien, Claire Alirol, Fabienne Allemand, Roselle Allemand, Laurence Allemand, Jean-Luc Allera, Timéo Allera, Marie Allera, Cécile Allibert, Marie-France Allorge, Lionel Allorge, Véronique Appercelle, Emie Archer, Jonathan Archer, Julia Arnaudon, Ninon Arnaudon, Georges Aubert, Pascale Avignant, Jérôme Avignant, Nicolas Beaune, Cécile Beguet, Nathalie Bellon, Alexandre Bellon, Denis Berger, Astrid Blanc, Rémy Blanc, Cécile Blanc, Anaïs Bocher, Colombe Bocher, Pascal Bonhotal, Nadège Bonnefoux, Cédric Bonnefoux, Flavio Bonnefoux, Clara Bonnefoux, Marie-Elise Boudignon, Pierre Boudignon, Blanche Boudignon, Fleur Boudignon, Karine Boulamoy, Anaïs Boulamoy, Enzo Boulamoy, Adrien Bourdier, Christine Boutry, Martin Boutry, Marion Boyer, Colette Brenas, François Breysse, Catherine Breysse, Clara Breysse, Léo Breysse, Louise Breysse, Huguette Breysse, Lilou Breysse, Lucie Breysse, Sébastien Breysse, Angélique Bruckner, Andrew Brugiere, Andrée Brun, Yves Brun, Nelly Brun, Aurélie Brun, Jérémie Brun, Timothé Brun, Cyril Bruneton, Madeleine Caille, Louis Chacornac, Audrey Chacornac, Pauline Charbonnel, Fabien Charbonnier, Norina Charbonnier, Manon Charbonnier, Cécile Chartogne, Nouzha Chellah, Rachid Chellah, Cyrille Cheymard, Annabelle Cheymard, Sandrine Cicero, Maxence Cicero, Cassandra Cicero, Enzo Cicero, David Cicero, Christian Combet, Régine Comte, Pierre Cornut, Jeremy Cortial, Adrien Crespy, Christine D'Abrigeon, Célia D'Abrigeon, Fabienne De Seauve, Sophie Demars, Léna Demars, Léa Denys, Damien Deseauve, Nicole Desfeuille, Estelle Desfeuilles, Eytan Di Carmine, Elora Di Carmine, Nelly Donnot, Martine Douspis, Cécile Duflot, Elisabeth Dufour, Léana Dupont, Loris Dupont, Michel Duport, Michaël Dupuis, Elias Espana, Maëleen Espana, Audrey Faisant-Cicero, Maëlise Faisant-Cicero, Jérôme Faure, Ophélie Faure, Florence Fernandes, Flora Fernandes, Emma Fernandes, Mathias Fernandes, Odile Fillere, Lucien Fouchier, Kaila Fourcade, Louane Fourcade, Lyson Foury, Magali Foury, Franck Foury, Alexis Foury, Karine Fradet, Sacha Fradet, Alexandre Gaillard, Françoise Galland, Camille Gilles, Corentin Gilles, Lucas Girard, Gaëlle Goliard, Mireille Gros, Aline Gros-Arnaudon, Hervé Gubilo, Touria Harmane, Hamza Harmane, Myriam Harmane, Ariane Hennion, Didier Hernu, Thierry Infante, Ancelin Issartel, Lise Iwanczak, Denis Jacqueroud, Chantal Jongit, Maxime-Aurélien Jourde, Marie - Christine Jouve, Thérèse Jouve, Isabelle Lager, Lina Lager, Jocelyn Lager, Michel Lamarque, Zoé Laurent, Capucine Lavallee, Delphine Lechevallier, François Legrand, Ludovic Limousin, Christian Magand, Chantal Magand, Fanny Magne, Victoire Magne, Constance Magne, Alban Malissin, Brigitte Marais, Jean-François Martin, Chantal Martin-Motter, Lucie Masson, Norbert Mazoyer, Raphaël Mialon, Aurélie Milcent, Marie-Faustine Millet, Anne-Sophie Millet, Marie-Claude Milliere, François Milliere, Christian Montels, Mireille Montels, Théo Pabiou, Michel Pages, Louis-Marie Pelletier, Jean-Roch Crouzet, Michèle Perrot, Richard Petitpierre, Thibaut Peyron, Thierry Poble, Vincent Poble, Marie-Thérèse Pradines, Chloé Puchard, Ango Ragu, Emy Ramadier, Léna Ramadier, Sidonie Ramain, Viviane Redares, Laura Reymond, Nina Reynaud, Gabriel Roche, Nicole Roehri, Bérengère Roland-Gosselin, Louis-Dominique Roland-Gosselin, Didier Rollet, Hervé Salaun, Manuel Sanchez, Myriam Sanchez, Alexel Sanchez, Philippe Sauvage, Marion Savel, Bastien Savel, Monique Savina, Jean-Luc Simon, Virginie Soulas, Anaëlle Vacheret, Johan Vacheret, Carole Vacheret, David Vacheret, Elsa Valladier, Marie-France Van Wynsberghe, Maryse Verchere, Mélanie Veysseyre, Jean-Claude Vidal, Sandrine Vigouroux, Luna Vigouroux, Vincent Ville, Marie Ville, Ysalie Vissac, Jean-François Vissac, Corinne Vissac, Elisabeth Vizcaino, Tess Voillet, Dorian Volle, Marius Volle, Elyane Wauters.

Un grand merci également aux artisans et aux entreprises de la région qui nous ont accompagnés sur ce long chemin de restauration d'un monument historique et nous ont aidés à réaliser ces travaux pharaoniques admirés par tous nos visiteurs aujourd'hui :

Et plus particulièrement : Acantheose, Act Lighting Design, Arsotec, Beaufils, Blanc Paysage, Cegelec, Chabanon, Clement-Cecoia, Comte, Djm Sonorisation, Elecovia, Elementa, Faisandier Serrurerie, Favier, Groupement Lopez Bernardini Gaggi Pagliaccia, Jake Bright, Lancelot & Cie, Legrand, Lilian Monchalin, Magnum, Mgpf, Multiservice, Orleanscape, Peppier Charrel, Pixel'n Pepper, Podzee, Saladin.

Un grand merci également aux artistes qui nous ont accompagnés dans ces créations :

Et plus particulièrement : Alain Pochet, Annie Gregorio, Edouard Pretet, Isabelle Tanakil, Jacques Bachelier, Jean Piat, Jean-Paul Bordes, Maxime Lombard, Michaël Lonsdale et Urbain Cancelier à qui nous devons tant.

Merci au groupe Novelty pour son soutien pour la création des spectacles. Merci à Damien et Charlotte Boissinot et Isa-Lou Ville pour leur engagement sans faille.

Un grand merci également aux acteurs publics qui ont accompagné cette réalisation dans l'objectif de sauvegarder et faire revivre cette forteresse millénaire :

Et plus particulièrement : la Fondation Michelin, le ministère de la Culture, la région Auvergne Rhône-Alpes, le département de la Haute-Loire, l'agglomération du Puy-en-Velay, la ville du Puy- en-Velay, la mairie de Saint-Vidal et les habitants de la commune qui ont soutenu avec enthousiasme cette réalisation, ce qui a permis à la forteresse d'être restaurée et ouverte à nouveau au public.

Édition : Virginie Mahieux
et Pauline Dubuisson

Conception graphique
et réalisation : Élisabeth Welter

Textes : Bertrand du Vignaud

Photographies : Éric Sander
À l'exception de :
Pages 16-17 : © Norman
B. Leventhal Map Center
Collection, Boston Public Library.
Page 24 : © Bibliothèque
nationale de France.
Département des Manuscrits.
Français 5594.
Pages 32-33, 39, 84 (en bas), 100,
104 (à gauche), 114, 128, 134, 136,
162-163, 164 (en haut à droite
et en bas), 165 (en haut à droite),
168 (en bas à droite) et 170-171 :
© Collection Forteresse
de Saint-Vidal.
Page 34 : © RMN-Grand Palais
(Château de Versailles)/
image RMN-GP.
Page 44 : Photo © RMN-Grand
Palais (domaine de Chantilly)/
René-Gabriel Ojeda.
Page 78 : © Plan du château de
Saint-Vidal : rez-de-chaussée,
par Audiard, 112 x 90 cm, 1956
(Arch. dép. Haute-Loire,
1 Fi SAINT-VIDAL 1).
Page 140 : © agefotostock/
Alamy Stock Photo.
Pages 150 et 154-155 :
© David Nivière.
Page 164 (en haut à gauche) :
© Alexandre Sabatier AS'Pix.
Pages 165 (en haut à gauche
et en bas), 167, 168 (en haut
et en bas à gauche) et 169 :
© Christophe Rablat.

Préparation de copie
et relecture : Claire Lemoine
et Carole Daprey

Partenariats éditoriaux :
Corinne Schmidt

Connectez-vous sur
www.editionsdelamartiniere.fr

Photogravure : Studio 4C
Achevé d'imprimer au
Portugal en octobre 2023
sur les presses de Printer
Dépôt légal : décembre 2023
ISBN : 979-10-401-1243-3